N° 79

"*Pages actuelles*"
(1914-1916)

Le Général Leman

PAR

Maurice des OMBIAUX

BLOUD ET GAY, ÉDITEURS

7, PLACE SAINT-SULPICE, PARIS
35, CALLE DEL BRUCH, BARCELONE

Le Général Leman

"Pages actuelles"
1914-1916

Le Général Leman

PAR

Maurice des OMBIAUX

BLOUD & GAY
Editeurs
PARIS, 7, Place Saint-Sulpice
Calle del Bruch, 35, BARCELONE
1916
Tous droits réservés

Le Général Leman

Le 4 août 1914

Le 4 août 1914, le monde apprenait avec une stupéfaction douloureuse que le colosse germanique, au mépris d'un traité signé par le roi de Prusse avec l'empereur d'Autriche, le roi de France, l'empereur de Russie et le roi d'Angleterre, avait violé la neutralité de la Belgique à qui il donnait encore, deux jours auparavant, par l'entremise de son plénipotentiaire à Bruxelles, M. de Below-Saleske, l'assurance que « le toit du voisin brûlerait peut-être, mais que le sien serait épargné ».

Mais en même temps aussi, comme un heureux présage, cette fière proclamation partait, sur les ailes de l'électricité, de la capitale wallone dans toutes les grandes villes du monde :

« AUX HABITANTS DE LIÉGE !

« La grande Allemagne envahit notre territoire après un ultimatum qui constitue un outrage.

« La petite Belgique a relevé fièrement le gant.

« L'Armée va faire son devoir !

« La population de Liége accomplira le sien.
Aussi ne cessera-t-elle de donner l'exemple du
calme et du respect aux lois. Son patriotisme en
répond.

« Vive le Roi, Commandant en Chef de l'Armée !
« Vive la Belgique !

« *Le Lieutenant-Général*
« *Gouverneur militaire de Liége,*
« Leman. »

Liége, 4 août.

Déjà on savait que le Roi Albert et le Gouvernement belge, sans un mouvement d'hésitation, avaient pris le parti de l'honneur, mais on voyait maintenant de quelle façon ceux qui se trouvaient à pied-d'œuvre étaient résolus à passer aux actes.

Qui était donc ce soldat, ce général qui tenait un si noble et si ferme langage?

Sans doute était-il connu de nombreux spécialistes, mais le grand public l'ignorait, non seulement le grand public européen, qui, du reste, ignorait à peu près tout de la Belgique, mais aussi la grande majorité du peuple belge.

C'est que le général Leman n'était pas un général à panache. On ne l'avait jamais vu parader en chapeau à plumes, en culottes blanches, chamarré d'or et de décorations, à la tête de revues et de cortèges, et si l'on avait parfois lu son nom dans les journaux, c'était à l'occasion de critiques souvent violentes et non de dithyrambes. Cet homme d'étude et de caractère laissait à d'autres le soin de flatter le quatrième pouvoir aussi bien que les trois premiers et ne s'attardait pas à rechercher une popularité facile, ni à soigner sa réclame.

La carrière de Leman

Le général Georges Leman naquit à Liége, le 8 janvier 1851.

Il avait de qui tenir; son père, capitaine d'artillerie, professeur à l'Ecole militaire, était un officier sur qui l'on fondait de grandes espérances. Une mort prématurée l'empêcha de publier de remarquables études sur la mécanique et la balistique. On lui avait offert la place, qu'occupa plus tard son fils, d'examinateur permanent pour les sciences mathématiques à l'Ecole militaire, mais il n'avait pas cru pouvoir l'accepter.

Restée veuve très jeune, avec des ressources fort modiques, Mme Leman se consacra à l'éducation de ses deux fils. Le général avait une adoration et une vénération profondes pour cette mère dévouée dont il fit toujours, d'ailleurs, l'orgueil et la joie. — Elle mourut il y a sept ou huit ans à l'ancienne abbaye de la Cambre, transformée en école militaire. Le 1er janvier de chaque année, le général Leman était absent au moment des visites, son premier devoir étant d'aller, ce matin-là, porter des fleurs sur la tombe de sa mère.

Il fit de brillantes études à l'athénée de Bruxelles et remporta les premiers prix aux concours généraux de l'enseignement moyen. Mais la suite de sa carrière démontra qu'il était autre chose que l'ordinaire « fort en thème » dont l'effort fléchit dès qu'il échappe à la tutelle des maîtres. Entré premier à l'Ecole militaire, il s'y fit remarquer en dépassant, de loin, tous ses condisciples : il en sortit avec le numéro 1 comme sous-lieutenant du génie.

Après avoir fait quelque service à son régiment, le jeune officier s'occupa tout spécialement de travaux de mines; c'est ainsi qu'il fut appelé à s'occuper des quais de Charleroi, tâche importante et difficile à cause des galeries de charbonnages au-dessus desquelles il fallait passer, et qu'il mena à bonne fin avec l'esprit d'audace et de décision qui le caractérisera toujours au cours de sa vie.

A vingt-trois ans, il était déjà capitaine. Le 20 mai 1880, on l'appelait à l'état-major du génie, puis on le plaçait à la tête du bureau technique au ministère de la guerre où il révélait bientôt son goût très marqué pour tout ce qui touche aux sciences appliquées et à l'art de l'ingénieur. Ce fut alors qu'on le chargea de se prononcer sur la stabilité du Palais de justice de Bruxelles, qui causait beaucoup d'inquiétudes. Après avoir minutieusement étudié la question, il conclut à la continuation des travaux et la suite des temps prouva qu'il avait bien jugé.

On estima, non sans raison, que l'emploi le plus immédiat d'une si haute compétence devait être l'enseignement et on l'appela à l'Ecole militaire comme répétiteur d'art militaire et de fortification; il y montra tant d'aptitudes qu'on le chargea des cours de construction, d'architecture et de géologie qui étaient à réorganiser entièrement.

Dès le début de sa carrière professorale, il fit preuve, en même temps que d'une vaste intelligence, d'une haute probité intellectuelle et morale. Il commença par enseigner ce qu'on lui avait appris, mais il ne tarda pas à constater, dans cet enseignement, des trous, des lacunes, des non-sens et des hérésies. Pour y parer, il se mit à revoir la mécanique; dans ce domaine, il fut amené aux mêmes constatations. Il appela à son secours le calcul analytique. Ce qu'on lui avait appris ne lui donna pas davantage satisfaction; il réétudia complètement l'analyse. Enfin, armé de pied en cap, il put donner un cours de construction de tout premier ordre, n'offrant aucune prise à la critique la plus rigoureuse.

Telle est la conscience scrupuleuse que Leman apportera dans toutes ses actions comme dans toutes ses études, dans l'organisation de la position de Liége et la défense de la place comme dans un cours de construction à l'Ecole militaire. Elle explique l'homme dans une certaine mesure, elle explique dans la même mesure comment le général ne laissa rien au hasard pour résister, avec les moyens dont il disposait, à l'impétueuse agression germanique.

Bien avant ses camarades, Leman fut promu chevalier de l'Ordre de Léopold « pour le talent avec lequel il avait créé son cours de construction », porte le *Moniteur belge* de 1887.

La même année 1887, il publia un remarquable cours de *Statique graphique*, en 1895 ses *Leçons sur la résistance des matériaux*, ouvrage qui constitue un véritable monument et qui fait encore autorité aujourd'hui. C'est dans cette œuvre que se trouve développée une théorie nouvelle sur la résistance des tubes et en particulier des bouches à feu frettées. On lui doit aussi de nombreuses études sur la stabilité des voûtes, sur le calcul des pièces fléchies soumises à des charges mobiles, etc. Nommé examinateur permanent pour les sciences mathématiques en 1893, major le 29 septembre 1894, il ne tarda pas à prendre la direction des études de l'école militaire, dont il réussit à faire rapidement un établissement supérieur de premier ordre, et dont la réputation devint telle que des élèves y arrivaient des pays lointains : du Japon, de la Serbie, de la Bulgarie, de la Roumanie et d'ailleurs.

Sous sa vigoureuse impulsion, tous les cours reçurent une orientation nouvelle, chaque théorie donna lieu à de nombreuses applications. C'est que, dans l'esprit de Leman, la science, pour les futurs officiers, ne devait jamais rester livresque, mais servir à un but bien déterminé : la guerre et la défense du pays.

En premier lieu, d'accord avec le professeur Chomé, il entreprit la réforme du cours de géométrie descriptive. Il réussit à tel point que c'est chez lui que l'Université libre de Bruxelles vint chercher le professeur dont elle avait besoin, M. Chargois. Les autres cours subirent le même sort. Il avait fortement attaqué l'organisation des cours de physique et de chimie ; il se mit à l'œuvre et les transforma entièrement, poursuivant la routine d'une haine implacable. D'un esprit scientifique poussé à l'extrême, il prétendait écarter de l'enseignement tout ce qui n'était qu'hypothèse, tout ce qui était nuageux, pour ne garder que ce qui avait subi le crible de la critique, il voulait qu'on ne donnât aux élèves que des notions extrêmement claires pour pouvoir arriver plus facilement à la synthèse de toute théorie. Où il avait passé, il ne restait ni brume ni fumée, mais de solides réalités.

Aucune branche du programme des études ne lui restait étrangère. La littérature, l'histoire, le droit même, lui étaient à peu près aussi familiers que les sciences dans lesquelles on le croyait spécialisé. Entrait-il dans n'importe quel cours, il pouvait suivre aussitôt ce dont parlait le professeur, soulever des objections, susciter une discussion, interroger les élèves. La curiosité de sa vaste intelligence, autant que le sentiment de sa responsabilité, le portait à tout savoir ; à peu d'hommes autant qu'à lui s'applique le *nihil humani* de Térence ; on peut dire qu'il possédait des vues sur toutes choses, qu'il était renseigné et avait une opinion sur n'importe quel grand sujet.

Lorsqu'un de ses professeurs avait élaboré un traité, il le faisait venir, examinait l'œuvre avec lui, et quelquefois elle ressortait complètement remaniée et modifiée de cette collaboration. Mais le général en laissait tout le mérite à son subordonné.

Sa vigilance s'étendait aussi sur les hommes, car il avait les qualités innées du chef. Personnel enseignant, élèves, étaient jaugés et estimés par lui, ses soins descendaient jusqu'aux moindres détails. Tout fut corrigé et restauré. Il sut s'entourer d'un corps professoral d'élite. Pour être admis à enseigner sous ses ordres, il fallait subir un examen rigoureux et un contrôle permanent. Il n'hésita pas à renoncer aux services d'hommes pour qui il éprouvait une véritable amitié, mais qui ne le satisfaisaient point dans le domaine didactique. Il avait de longues conférences avec ses professeurs et pour être sûr de n'être pas dérangé dans ces entretiens auxquels il attachait une grande importance, il choisissait de préférence la nuit. Il consacrait donc une nuit par semaine à chacun des principaux d'entre eux, poursuivant l'étude des questions qui l'intéressaient, se renseignant sur les moindres progrès, prêt à discuter n'importe quoi avec n'importe qui, même en matière de théologie et d'apologétique. Pour tenir ce régime, il fallait être doué d'une santé de fer et d'une volonté tenace. Il possédait cette santé physique et morale et cette volonté inébranlable. Plus sévère pour lui-même encore que pour les autres, il était au travail dès l'aube. On l'avait quitté bien avant dans la nuit, on le retrouvait sur pied de grand matin, dans la salle d'étude des élèves, interrogeant l'un, examinant les travaux d'un autre. Il étonnait ses collaborateurs par sa prodigieuse résistance physique; on se demandait quand il trouvait le temps de dormir, quand il prenait quelque repos, d'autant plus qu'on n'ignorait pas qu'il se livrait encore à des problèmes aux calculs compliqués, à la lecture d'ouvrages militaires, scientifiques et littéraires.

Dans l'étendue de son autorité, il n'y avait guère de place pour les carottiers et les tire-au-flanc; le coup d'œil de Leman était d'une sûreté impitoyable, qu'il s'agît de gymnastique, d'équitation, de l'alimentation des élèves, de leur tenue, de leurs exercices aussi bien que des études.

Il ne se fiait qu'à lui-même, tant était grande sa passion de l'exactitude; le souci des choses vraies, la recherche de la vérité dominent toutes ses préoccupations.

Avec cela un cœur d'or et la générosité même. Sur son masque énergique, popularisé depuis un an et demi par les cartes postales illustrées, où se lit, dans un regard bleu d'acier, vif et perçant, l'autorité et la clairvoyance du chef, dans le menton et les pommettes de puissante structure, l'incoercible volonté, on voit rayonner la bonté, mais une bonté éclairée et sans faiblesse, la bonté des forts!

Le corps est massif, vigoureux, agile; c'est ce qui permettait, en 1913, au général âgé de soixante-deux ans, de parcourir à cheval cinquante ou soixante-dix kilomètres dans la forêt de Soignes, escaladant des talus qu'il déconseillait aux officiers de sa suite d'affronter, puis au débotté, de retrouver des professeurs qu'il avait convoqués pour examiner avec eux un point de doctrine ou d'enseignement.

Il s'était remis à monter à cheval vers les cinquante-deux ans et n'avait pas tardé à devenir un cavalier accompli qui faisait l'admiration de son professeur, le major Hageman, un des meilleurs instructeurs de la cavalerie belge.

Il faut dire que Leman, tout en ayant toujours été un homme d'étude, n'avait pas laissé d'être quelque peu casse-cou dans sa jeunesse. Si l'extraordinaire empire qu'il possédait sur lui-même en avait fait, du jour au lendemain, au gré de sa volonté, un homme de la plus rigoureuse austérité, le tempérament reprenait parfois le dessus chez le cavalier qui aimait à se lancer dans des chevauchées éperdues.

Le général, qui est le meilleur des pères, n'était cependant pas sans causer des soucis à la plus tendre et la plus dévouée des filles qui veillait sur lui avec un soin pieux depuis la mort de sa femme. Lui qui pensait tant aux autres ne songeait guère à lui-même; lui qui était l'exactitude même pour tout ce qui concernait son service et qui l'exigeait des autres avec une rigueur impitoyable, était, quant aux heures des repas, l'inexactitude personnifiée; dès qu'une question l'absorbait, le pot-au-feu pouvait l'attendre indéfiniment, les appels et les supplications ne parvenaient guère à l'éloigner de son travail et à lui faire entendre raison.

Il était d'une grande sobriété, sachant se contenter, au cours d'une journée de labeur, de quelques croûtes de pain et d'eau claire.

Sa seule faiblesse était sa pipe, une pipe d'écume à laquelle il ne cessait de tirer pendant qu'il se livrait à ses nombreux travaux et qu'il ne quittait point de toutes les longues soirées consacrées aux discussions avec ses collaborateurs. Tout au plus l'abandonnait-il pour quelques instants quand, vers les deux heures du matin, on passait des sandwichs aux convives.

Il était aussi insensible à la faim qu'au sommeil et ne connaissait point la fatigue. Soldat dans l'âme, il était un exemple constant pour les soldats et il savait apprendre aux futurs officiers à obéir avant de commander.

Les notes qu'il écrivait sur ses subordonnés sont des modèles du genre. Il traçait, du personnage, un portrait vivant, précis et minutieux, dans un style d'une fermeté classique.

Jamais homme ne s'absorba davantage dans la tâche qui lui avait été assignée, jamais homme ne porta plus haut le sentiment du devoir. On le craignait, mais on l'aimait; il avait le don d'enthousiasmer la jeunesse et de former les caractères. Pour Leman, les jeunes officiers formés par lui eussent passé à travers n'importe quelle fournaise.

Leman avait été nommé lieutenant-colonel en 1898, colonel en 1902, général-major en 1907, lieutenant-général le 26 juin 1912.

Le 16 décembre 1905, il avait été promu au commandement de l'Ecole militaire, poste dont il assuma la charge tout en conservant, pendant quelques années encore, la direction des études. Quand il demanda à être déchargé de celle-ci, ce fut pour se consacrer davantage à l'étude des questions relatives à la défense du pays. Il choisit pour lui succéder son meilleur ami, le colonel Cuvelier, devenu depuis général et qui mourut à Paris vers la fin de l'année dernière.

Officier du génie, Leman avait porté principalement son attention sur les études des candidats-officiers d'infanterie, connaissant l'importance primordiale de cette arme; l'enseignement qui leur était donné devait, dans son esprit, sans cesser d'être essentiellement dogmatique, procurer aux élèves, d'abord une base solide, puis des moyens d'investigation susceptibles de développer heureusement leur savoir par la suite. Il y était arrivé; il estimait que c'était là le meilleur de son œuvre et il en était fier.

Sa haute science, son esprit prompt, apte aux réalisations, l'avait fait nommer membre de la Commission de l'observatoire royal et du Conseil de perfectionnement de l'enseignement moyen. Nul doute que si Leman avait eu le temps de faire prévaloir ses vues dans ce dernier, notre jeunesse n'en eût tiré grand profit, car il savait comment il faut la manier et comment on la forme.

C'était, pour ceux qui possédaient le goût du travail, le guide le plus sûr et par son savoir immense et par son sens des réalités et par l'amour qu'il avait de son métier, j'allais écrire de son apostolat.

Pour montrer jusqu'à quel point sa curiosité et son souci des choses militaires étaient en éveil, il me faut citer cette anecdote que m'ont racontée plusieurs officiers :

Le commandant Pétri, adjoint d'état-major, un de nos officiers d'artillerie les plus distingués, et le commandant du génie Gellens étaient revenus d'Andrinople, après la première guerre balkanique, rapportant une maquette des fortifications de la ville.

Le général Leman les convoque aussitôt avec les spécialistes de l'artillerie et du génie. Il donne la parole à Pétri qui entre dans les explications techniques, dessinant des figures géométriques et écrivant des formules à la craie sur le grand tableau noir, principal ornement du cabinet de travail du commandant de l'Ecole militaire. Leman écoute, l'œil en arrêt. Pétri parle de la résistance des forts à l'artillerie assiégeante. Le général se lève, arpente la pièce d'un pas martelé, avec un balancement du corps, la tête enfoncée dans les épaules. Maintenant il interroge Pétri et Pétri répond. Le général serre de près son interlocuteur qui, en pleine possession de son sujet, réfute les objections avec cette rare intelligence de son métier qui le caractérise. Il est manifeste que le général ne croit pas à la résistance indéfinie des matériaux de défense, mais Pétri défend les forts en envisageant les moyens que l'artillerie possédait à ce moment-là. Leman n'est point convaincu et poursuit la discussion avec sa redoutable dialectique.

— Après chaque siège, disait-il, on perfectionne les moyens d'attaque, on augmente le calibre des canons.

Les auditeurs suivent avec un intérêt palpitant ce débat fort aride pour les profanes. La démonstration de Pétri était d'une logique impeccable ; étant données la force d'attaque de l'artillerie de siège et la puissance de résistance des ouvrages bétonés, des forts analogues à ceux d'Andrinople devaient résister longtemps.

Mais le général tournait dans son cabinet de travail comme un ours en cage. Enfin, au milieu d'un profond silence, il laissa tomber ces paroles vraiment prophétiques :

— Sans doute, sans doute, les canons actuels ne détruiront pas ces forts, mais pourquoi ne créerait-on pas un mortier de 500 millimètres qui en aurait facilement raison ? Il faudrait travailler à cela.

D'aucuns purent croire à une simple boutade d'un homme qui ne voulait pas se rendre, même à l'évidence ; il n'en est pas moins vrai que le général Leman venait de prévoir le 305 autrichien et le 420 allemand qui firent tomber les forts de Liége, de Namur, de Maubeuge, du Camp des Romains, de Waelhem, de Wavre-Sainte-Catherine, de Lierre et d'autres encore de l'enceinte d'Anvers et modifièrent toutes les théories de la fortification moderne. Il ne croyait plus en l'efficacité infaillible du béton et c'est ce qui l'avait excité à pousser jusqu'au bout, jusqu'au point où il semblait, à ce moment-là, pénétrer dans le domaine illimité du paradoxe.

La discussion ne se poursuivit pas davantage. En regagnant leur logis, ceux qui avaient assisté à la réunion admiraient la passion que le général apportait dans l'étude de ces problèmes militaires, mais ne se doutaient pas de la grande vérité qu'il venait de proférer.

* *

Le général Leman avait vécu presque exclusivement pour la grandeur de l'Ecole Militaire ; il avait consacré toutes ses forces vives, les innombrables ressources d'une intelligence encyclopédique, à la formation d'officiers dévoués et instruits, il s'était donné tout entier à l'armée, au pays. La limite d'âge approchait, il considérait sa carrière comme à peu près terminée, uniquement occupé à assurer une continuité à ses efforts pour quand il aurait cédé la place au successeur choisi par lui. Il pouvait contempler son œuvre avec un légitime orgueil en attendant le moment très proche de murmurer le *Et nunc dimittis...* auquel si peu d'hommes savent se résoudre, même quand toute force est sur le point de les abandonner.

Mais le sort n'avait pas dit son dernier mot, une nouvelle destinée attendait le général Leman.

Leman, gouverneur de Liége

Sur les instances de Léopold II, on avait supprimé en Belgique le régime suranné du remplacement. Le vieux roi, à son lit de mort, avait eu la joie de signer la loi appelant sous les drapeaux un fils par famille. Ce n'était pas tout ce qu'il aurait souhaité, mais néanmoins une grande étape accomplie vers le but qu'il n'avait pas cessé de poursuivre durant tout son règne.

Le roi Albert, monté sur le trône, jugeant que cela n'était pas suffisant pour assurer la défense d'un pays placé entre deux puissants voisins, s'employa de toutes ses forces à obtenir du Parlement le service général. En 1912, le baron de Broqueville, grâce à sa maîtrise d'homme politique, parvint à tirer cette importante réforme d'une Chambre où l'extrême droite et l'extrême gauche se rejoignaient en un antimilitarisme impénitent.

Mais ce n'était pas le tout que d'augmenter dans ces proportions considérables le chiffre du contingent annuel, il fallait réorganiser complètement l'armée, en faire un véritable instrument de guerre et non plus une armée « pour ne pas se battre » selon l'ancienne conception. La volonté du roi et l'initiative de M. de Broqueville étaient contrecarrées par la routine de gens habitués à ne considérer l'état militaire que comme une sinécure à panache.

Pour faire voter la loi, le baron de Broqueville avait dû prendre en mains le département de la guerre. Dans l'exécution du programme qu'il avait arrêté avec le chef suprême de l'Etat et le Conseil de la Défense Nationale, il rencontra des difficultés qui eussent paru insurmontables à d'autres. Pour qui connaît la force d'inertie dont sont douées les administrations publiques, il n'est pas assez d'éloges que l'on puisse adresser au premier ministre quant à l'énergie et l'habileté qu'il déploya pour nettoyer les écuries de M. Lebureau. Il sut découvrir les mérites et les compétences et s'en entourer, il n'hésita pas à recourir à des forces jeunes : il les trouva chez des officiers formés par le général Leman.

Les attaques dont il fut criblé ne le rebutèrent pas un instant. Une grande partie de la presse, même de celle qui n'était pas antimilitariste, qui avait toujours poussé au service personnel et à la réorganisation de l'armée, critiquait chacune de ses décisions, chacune de ses mesures. Fendait-il l'oreille à un colonel ou à un général, ce colonel ou ce général devenait un foudre de guerre pour les journaux opposants. Désignait-il à un poste de confiance un officier qu'il n'avait choisi que pour ses mérites, cet officier devenait la proie d'une satire amère et se voyait traité de créature du pouvoir, et des députés portaient l'affaire à la tribune du Parlement. Le ministre souriait, laissait dire et continuait son œuvre d'un cœur ferme, d'un esprit résolu. En dépit de la politicaillerie, le pays sentait que sous l'impulsion de M. de Broqueville, les troupes de mercenaires que nous avions autrefois, avaient fait place à une armée vraiment nationale. Les bons citoyens en éprouvaient une vive satisfaction.

Lorsqu'il fallut pourvoir au commandement de la position de Liége, le ministre, après en avoir délibéré avec les officiers de son cabinet, fixa son choix sur le commandant de l'Ecole militaire.

Pour tout autre que Leman, ce choix eût été considéré comme un grand honneur, mais le général n'envisageait pas sans un grand serrement de cœur l'abandon de l'œuvre à laquelle il avait consacré le meilleur de sa vie. D'autre part, il connaissait l'état dans lequel se trouvait la défense de Liége et il appréhendait de ne pouvoir la rendre telle qu'il l'aurait voulue dans le court espace de temps qui le séparait de la limite d'âge. Il fallut faire violence à ces scrupules qui l'honorent. L'appel au devoir du soldat eut raison des répugnances de l'homme et le général accepta le périlleux honneur qui lui était offert.

Un formidable tolle accueillit la nouvelle. Eh quoi ! charger un officier du génie, qui avait accompli sa carrière à l'Ecole militaire, dans l'enseignement et dans les livres, de la défense de Liége et du commandement de la 3e division d'armée ! C'était encore bien là une de ces nombreuses aberrations d'un civil qui ne connaissait rien aux choses militaires, et qui n'écoutait que les conseils de jeunes officiers prétentieux et sans expérience ! C'était la désorganisation de la défense nationale, la fin de tout, l'abomination de la désolation.

Le général partit pour sa ville natale et prit possession de son nouveau commandement.

Aussitôt il se mit à l'œuvre, avec les mêmes méthodes qu'à l'Ecole militaire. Les adjoints d'état-major, convoqués de grand matin, trouvaient le général prêt à monter à cheval pour aller inspecter les forts et examiner les points faibles de la place. Après une randonnée de 60 à 80 kilomètres, il fallait se mettre à l'ouvrage et étudier les moyens de pourvoir à tout ce qui manquait, et la séance durait jusqu'aux petites heures. Dérangés dans leur quiétude, les officiers pestaient contre le gêneur, mais la plupart d'entre eux, galvanisés par l'exemple du chef, rendus conscients par lui de la haute mission qui leur incombait, se donnèrent tout entiers à cette vie nouvelle ; quant aux autres, ils ne firent pas long feu; le général, qui s'y connaissait en hommes, les avait vite jugés, il s'en débarrassa avec la même promptitude et la même rigueur qu'on lui avait connues à l'Ecole militaire à l'égard des professeurs qui ne répondaient point à son attente.

La 3e division d'armée fut conduite avec la même énergie.

Bientôt, tout ce qui arrivait de Liége au Ministère de la Guerre servit de modèle pour la réorganisation à laquelle on travaillait d'arrache-pied.

Les propositions de Leman étaient claires, précises, judicieuses, marquées au coin du bon sens même et de la plus haute compétence. Aucun détail, si minime fût-il, n'était laissé dans l'ombre. Encore une fois, le choix du ministre était ratifié par l'expérience; on pouvait être certain que Liége serait défendue à outrance si, au mépris des traités, l'Allemagne forçait notre frontière.

Leman voulut voir et montrer sa division sur le pied de guerre; quelques mois avant le grand cataclysme, il arriva au camp de Beverloo avec la 3e division d'armée au grand complet, y compris le charroi. Au cours des manœuvres auxquelles elle s'y livra, elle montra une telle tenue, un tel ordre, une telle endurance que le roi et les nombreux officiers qui étaient arrivés pour assister aux exercices, la saluèrent du nom de : division de fer ! Le souverain félicita chaudement le général des résultats obtenus en si peu de temps. Oui vraiment, Leman avait brûlé les étapes et presque réalisé l'impossible.

Les Allemands, qui s'étaient endormis sur leurs renseignements antérieurs, ne se doutaient pas que la Belgique fût capable d'organiser si promptement sa défense avec des moyens quasi de fortune et cette erreur eut pour eux des conséquences dont on ne peut apprécier qu'aujourd'hui l'importance.

La position de Liége se composait de douze forts d'arrêt : Barchon, Evegnée, Fléron, Chaudfontaine, Embourg, Boncelles sur la rive droite de la Meuse, Flémalle, Hollogne, Loncin, Lantin,

Liers et Pontisse sur la rive gauche. Ils dataient de 1888. En dehors des canons des coupoles, il n'y avait pour ainsi dire pas d'artillerie de forteresse; à peine 30.000 hommes de garnison : la troisième division de l'armée de campagne et les troupes destinées à la défense des ouvrages.

Il n'avait pas fallu une semaine à Leman pour connaître le fort et le faible de la place.

— C'est par ici qu'ils nous attaqueront, disait-il un jour à un de ses aides de camp, au cours d'une promenade à cheval sur les hauteurs de Sart-Tilman. On sait si les événements devaient lui donner raison.

Un mois plus tard, son plan était achevé et sa division transformée de la manière que nous venons de dire. Aujourd'hui, après un an et demi de campagne, c'est encore la plus allante et la plus solide.

Tous les crédits que le général demanda, le ministre de la guerre les octroya sur l'heure. De tout ce qui pouvait être fait en aussi peu de temps pour porter à son maximum la valeur défensive de cette place d'arrêt, l'histoire attestera que rien n'a été négligé, rien laissé au hasard.

L'attaque de Liége

Pendant la semaine qui précéda l'assaut, Leman redoubla d'activité et d'énergie. Des milliers d'ouvriers travaillèrent nuit et jour aux défenses accessoires. La population, sentant qu'un vrai chef de guerre était là pour la défendre, vibrait d'enthousiasme pour le général. De Liége à la frontière allemande, tous les ponts, tous les tunnels furent minés. Les riantes villas et les boqueteaux étagés qui sont le charme du beau pays de Meuse, tombèrent sous la cognée ou sautèrent. A dix lieues à la ronde, il ne resta bientôt plus, dans les villages, un sac de blé, ni une tête de bétail : le général, qui voulait faire le vide devant l'ennemi, réquisitionnait tout pour la forteresse. D'aucuns se moquaient de lui, d'autres le blâmaient avec une véhémence toute liégeoise. Les réponses du général étaient marquées au coin de la plus militaire éloquence.

— Votre blâme, savez-vous ce que j'en fais? disait-il à une personnalité locale au lendemain de la mobilisation, eh! bien, je m'en f...! Vous me dites que la guerre n'éclatera pas. Admettons que vous ayez raison. Dans ce cas, vous me ferez enlever mes galons; mais si elle éclate, vous me remercierez à genoux!

Ce sont tous les Alliés qui, depuis, ont remercié cet illustre guerrier.

La nuit du 2 au 3 août, quelques heures après l'ultimatum allemand, l'état-major de l'armée belge ayant renoncé à l'idée de prendre l'offensive et d'attaquer sur le territoire ennemi les trois corps qui achevaient de s'y rassembler, les mines firent partout sauter leur ouvrage. Et les parlementaires teutons qui, d'un village frontière, le 3 août au matin, avaient demandé une entrevue au général Leman, furent obligés de faire un détour de plus de 200 kilomètres, aucune route n'étant plus praticable pour atteindre les abords de la place, où ils ne purent d'ailleurs pénétrer. C'est alors que le major von Kluber, ancien attaché militaire allemand à Bruxelles, laissa échapper ces paroles pleines de mélancolie :

— A la guerre, les heures perdues ne se rattrappent jamais.

Par le fait même, la voie la plus directe se trouvait fermée devant le train de M. von Schœn, ambassadeur d'Allemagne à Paris, qui s'était promis de gagner Cologne par Liége et qui avait obtenu que les ordres fussent donnés en conséquence.

— Il ne passera pas, répondit le général Leman ; il n'y a plus de chemin de fer pour l'Allemagne.

C'est par la Hollande que M. von Schœn rentra dans son pays.

Le mardi 4 août, vers onze heures du matin, les têtes de colonnes allemandes franchissaient la frontière belge à Gemmenich. A ce moment, les

Chambres belges étaient réunies au Palais de la Nation à Bruxelles. M. de Broqueville monta à la tribune, tenant en main la dépêche qui annonçait cette nouvelle tragique. Il parla pendant quelques minutes dans un silence profond.

— Nous serons peut-être vaincus, dit-il en terminant, nous serons peut-être écrasés, mais domptés, mais soumis, jamais !...

La Belgique a répondu à son attente.

Un peu après, un bataillon du 12e de ligne arrêtait au pont de Visé, en lui infligeant des pertes considérables, l'avant-garde allemande, puis, sa mission accomplie, se repliait sur la place, et le fort de Liers démolissait un pont que les Allemands tentaient de jeter sur la Meuse, à Lixhe, où Bismarck avait empêché la Belgique de construire un fort.

Le lendemain, dans tout le pays de Herve, les envahisseurs répandaient la proclamation suivante :

5 Août.

« A mon plus grand regret, les troupes allemandes ont été forcées de franchir la frontière, par une contrainte inévitable, la neutralité de la Belgique ayant été déjà violée par des officiers français qui, sous un déguisement, ont passé en automobile. Notre plus grand désir est d'éviter un conflit entre des peuples amis jusqu'à présent et autrefois alliés ; souvenez-vous de Waterloo, où les armées allemandes ont contribué à fonder l'indépendance de votre pays. Mais il nous faut le chemin libre ; les destructions des tunnels, des ponts, des voies ferrées devront être considérées comme des actions hostiles. J'espère que l'armée allemande de la Meuse ne sera pas appelée à vous combattre. Nous voulons le chemin libre pour attaquer ceux qui veulent nous attaquer. Je garantis que la population belge n'aura pas à souffrir des horreurs de la guerre ; nous paierons les vivres et nos soldats se montreront les meilleurs amis d'un peuple pour lequel nous éprouvons la plus haute estime et la plus profonde sympathie. C'est de votre sagesse et de votre patriotisme bien compris qu'il dépend d'éviter à votre pays les horreurs de la guerre.

« *Le Général Commandant de*
« *l'Armée allemande de la Meuse*,

« Von Emmich. »

Leman y répondit comme Léonidas aux Thermopyles.

Ce même 5 août vers minuit, les Allemands, ayant attaqué, en masses profondes, entre les forts de Barchon et d'Evegnée, furent rejetés en déroute à travers Mouland et Warsage qui payèrent cher d'avoir vu la défaite des hordes germaniques. Les jeunes soldats de la 11e brigade avaient chargé l'ennemi à la baïonnette, lancés par leur chef, le général Bertrand qui, au plus fort de la tourmente, chantait le refrain du chansonnier montois Antoine Clesse :

> A pleins verres,
> Mes bons amis,
> En la buvant, il faut chanter la bière,
> A pleins verres
> Mes bons amis,
> Il faut chanter la bière du pays !

Ils se couvrirent de gloire.
On connaît les péripéties de cette lutte effroyable.
L'ennemi, revenu en nombre, se ruait contre les forts avec une fureur frénétique. Des régiments entiers tombaient sur les glacis. D'autres, l'instant d'après, s'avançaient sur les cadavres. Nos hommes entendaient les officiers crier, le revolver au poing :

Ein, zwei, drei... Deutschland über alles!

L'attentat contre Leman

Le 6 août, vers 5 heures du matin, le général Leman avec son état-major travaillait au quartier-général, établi dans la rue Sainte-Foix qui relie la rue Saint-Léonard et le quai de la Meuse. Quarante gendarmes en gardaient les deux extrémités.

Au quai de Meuse arrivaient des soldats dévoyés; on rappela, pour les conduire au pont de Wandre, les vingt gendarmes de la rue Saint-Léonard où deux sentinelles seulement furent laissées.

Quelques instants après, on entendait, venant de la rue Saint-Léonard, comme le brouhaha d'un remous de foule, des applaudissements, des cris : *Englisch, Englisch*, puis le crépitement d'une fusillade qui dura quelques secondes.

Des officiers allemands, arrivés en automobile par la rue Saint-Léonard, avaient été pris pour des Anglais; ils avaient pénétré dans la rue Sainte-Foix; les factionnaires avaient tiré dessus, mais avaient été l'un tué, l'autre blessé mortellement; sur le seuil de la maison où les adjoints d'état-major étaient accourus, revolver au poing, il y eut une courte lutte. Le commandant Marchand et un officier allemand tirèrent ensemble l'un sur l'autre à bout portant et s'entretuèrent, tandis que le maréchal des logis chef Jungers abattait un autre assaillant d'un coup de feu.

Quand les gendarmes qui étaient restés sur le quai accoururent, ils virent sur le trottoir, devant l'Etat-Major, les deux cadavres prussiens tout habillés de neuf : leurs pèlerines avaient encore le pli fait par le fer du tailleur, les semelles des bottes même étaient immaculées et les casques flambant neufs, eux aussi. Ces gaillards-là n'arrivaient pas de loin.

Du côté opposé à l'état-major, il y avait deux autres cadavres et un corps de Teuton qui gigotait encore.

L'automobile avait pu s'enfuir vers Herstal.

Un gamin ramassa les douilles de fusils et de revolvers : il y en avait une cinquantaine.

Le général avait voulu tirer son revolver, mais un de ses officiers l'avait saisi à bras-le-corps et l'avait jeté par-dessus le mur du jardin d'où il partit avec son sous-chef, le colonel Stassin, vers le chemin de fer de Vivegnis; de là, ils gagnèrent sur un wagonnet poussé à bras d'hommes la gare du Palais.

Bien qu'avortée, cette audacieuse tentative ébranla le moral de la petite garnison, obligée de faire front à la fois sur plusieurs points d'une ligne trop étendue pour elle.

La défense de Liége

Le général avait prévu que l'attaque en masse serait renouvelée dans la nuit du 6 au 7 août sur le fort de Boncelles et toutes les mesures avaient été prises pour y parer énergiquement. Mais fut-ce négligence, fatigue, exécution imparfaite d'ordres cependant très précis, quand la brigade de chasseurs à pied chargée de la contre-attaque atteignit son emplacement de combat, les troupes de l'intervalle, assaillies par un adversaire de dix fois supérieur en nombre, avaient plié et leur retraite ne put être arrêtée.

Encore l'ennemi n'avait-il réussi qu'en se servant de ruses infâmes comme : abus de drapeau blanc, imitations des sonneries des régiments belges, espions apostés pour tirer dans le dos de nos soldats, faux ordres de retraite transmis par téléphone.

Le matin du 7 août, plusieurs intervalles étaient forcés; le général Leman, grelottant de fièvre, gagna le fort de Loncin avec son état-major. Il y eut un conseil de guerre. Fallait-il continuer la résistance, maintenir la division dans ce qu'il restait de la place et constituer une place de fortune qui contiendrait l'ennemi pendant quelques jours encore? Ce projet fut abandonné aussitôt. Tout le monde fut d'accord qu'il fallait avant tout sauver la troisième division.

Celle-ci effectua sa retraite en bon ordre, par rangs de quatre, sans que l'ennemi, d'ailleurs contenu par le canon des forts, osât l'inquiéter. Le 8 août, elle était sur la Gette.

Les pertes des troupes belges ne dépassaient pas 6.000 hommes et l'on sait qu'on ramassa 48.000 médailles allemandes autour de la forteresse. Dans la proportion ordinaire, cela représente environ 70.000 morts, blessés et disparus.»

— Ce bain de sang était-il nécessaire? s'écriait de Belgique, le 10 août, un prisonnier allemand.

Le lendemain, les Liégeois purent néanmoins avoir connaissance de ce décret :

Officiel, 7 août 1914.

« Monsieur le Président,

« Au moment où l'Allemagne, violant délibérément la neutralité de la Belgique reconnue par les traités, n'a pas hésité à envahir le territoire belge, la ville de Liége, appelée en première ligne à subir le contact des troupes allemandes, vient de réussir, dans une lutte aussi inégale qu'héroïque, à tenir en échec l'armée de l'envahisseur.

« Ce splendide fait d'armes constitue, pour la Belgique et la ville de Liége, en particulier, un titre admirable de gloire dont il convient que le Gouvernement de la République perpétue le souvenir mémorable, en conférant à la ville de Liége la croix de la Légion d'honneur. J'ai, en conséquence, l'honneur de vous prier de vouloir bien revêtir de votre signature le décret ci-joint, approuvé par le Conseil de l'ordre de la Légion d'honneur, en décidant que la croix de la Légion d'honneur est conférée à la ville de Liége.

« *Le Ministre des Affaires Etrangères,*
« Gaston DOUMERGUE.

ARTICLE PREMIER. — La croix de chevalier de la Légion d'honneur est conférée à la ville de Liége.

ART. 2. — Le Ministre des Affaires étrangères et le Grand Chancelier de l'ordre sont chargés, chacun en ce qui le concerne, de l'exécution du présent décret.

« Fait à Paris, le 7 août 1914.
« R. POINCARÉ. »

Mais les Prussiens occupaient la ville et les Liégeois ne purent fêter, comme ils l'auraient voulu, cette haute distinction.

Outre les garnisons des forts, une troupe composée du 1er bataillon du 34e et du 8e bataillon du 14e, qui n'avait pas été touchée par l'ordre de retraite, se maintint dans ses positions jusqu'au soir du 13 août. Elle s'était retranchée au plateau de Rond-Chêne, au nord d'Embourg, et barrait les vallées de l'Ourthe et de la Vesdre. Constamment harcelée par des fractions du 7e corps allemand, elle leur fit des prisonniers et leur tua du monde. Le 13, elle était presque cernée, l'ennemi occupait Chênée et, de là, montait vers le plateau bombardé par des pièces de siège.

Le commandant du détachement, qui avait appris le départ de la 3e division, décida alors de s'échapper en contournant la place par le Sud et de gagner Awans, point désigné par le général Leman. Pendant la nuit, la colonne passa l'Ourthe, se glissa dans les bois et atteignit la Meuse. Le pont de Seraing était coupé, mais celui du Val Benoit permettait encore le passage homme par homme. Elle arriva ainsi à Awans, le 14 août, à 3 heures. Là, elle reprit haleine et, dans l'après-midi, alla disperser les soldats allemands qui travaillaient à des retranchements derrière le fort de Loncin. Le bombardement de celui-ci commençait et des troupes importantes étaient massées dans les villages au nord du fort.

Sur l'ordre du général Leman, la retraite fut continuée dans la direction de Namur où 602 hommes arrivèrent le 16 août, après cinquante-deux heures d'aventures et d'escarmouches, dont vingt-sept de marche par des chemins détournés.

Les forts de Liége tombèrent un à un sous le feu des canons de 28 et de 42 amenés d'Allemagne et d'Autriche. De son réduit de Loncin, le général Leman encourageait les commandants des forts. Loncin ne sauta que le 16 août, par l'explosion d'un magasin à munitions, qu'avait éventré un obus de 42 centimètres. Quand les pionniers allemands s'avancèrent, des torches à la main, dans les débris fumants, pour recueillir les blessés, on entendait les mourants prier à haute voix. Plusieurs, reconnaissant les uniformes prussiens, retrouvèrent assez de force pour sauter sur leurs armes. On les vit tirer en criant : Vive la Belgique ! Vive le Roi ! puis retomber, inertes. Des infirmiers ramenèrent au jour le général Leman asphyxié, évanoui.

Parce que Leman avait glorieusement combattu, von Emmich lui rendit son épée.

La résistance de Liége était terminée. Liége, simple place d'arrêt, avait accompli plus que la tâche qui lui était assignée.

Sans Leman et ses vaillants soldats, les avant-gardes allemandes eussent franchi la frontière française par Mons et Charleroi dès le 6 ou le 7 août : le plan du grand Etat-Major de Berlin avait neuf chances sur dix de réussir. Liége fut le premier instrument de salut de la civilisation.

Le 16 août, le général Leman put rendre compte de sa mission au roi Albert en ces termes :

Sire !

« Après des combats honorables livrés les 4, 5 et 6 août par la 3e division d'armée renforcée, à partir du 5, par la 15e brigade, j'ai estimé que les forts de Liége ne pouvaient plus jouer que le rôle de forts d'arrêt. J'ai néanmoins conservé le gouvernement militaire de la place, afin d'exercer une action morale sur les garnisons des forts.

« Le bien-fondé de ces résolutions a reçu par la suite des preuves sérieuses. Votre Majesté n'ignore du reste pas que je m'étais installé au fort de Loncin, à partir du 6 août, vers midi.

« Sire,

« Vous apprendrez avec douleur que ce fort a sauté hier à 17 h. 20 environ, ensevelissant sous ses ruines la majeure partie de la garnison, peut-être les O. 8. L'explosion y a été provoquée par l'action d'une artillerie extraordinairement puissante, après un bombardement violent. Le fort était loin d'être constitué pour résister à d'aussi forts moyens de destruction. Si je n'ai pas perdu la vie dans cette catastrophe, c'est parce que mon escorte, composée comme suit : capitaine-commandant Collard, un sous-officier d'infanterie, qui n'a sans doute pas survécu, le gendarme Thevenin et les deux ordonnances (Ch. Vandenbossche et Jos. Lecoq) m'a tiré d'un endroit du fort, où j'allais être asphyxié par les gaz de la poudre. J'ai été porté dans le fossé où je suis tombé. Un capitaine allemand, du nom de Gruson, m'a donné à boire ; mais j'ai été fait prisonnier, puis emmené à Liége dans une ambulance.

« L'artillerie allemande, en faisant *crouler* le fort, avait produit dans le fossé un tel amoncellement de décombres et de blocs de béton, qu'il s'était créé en capitale du fossé de gorge une véritable digue allant de la contrescarpe et ouvrant un passage direct à l'infanterie allemande. Je suis certain d'avoir soutenu l'honneur de nos armes. Je n'ai rendu ni la forteresse ni les forts.

« Daignez me pardonner, Sire ! la négligence de cette lettre. Je suis physiquement très abîmé par l'explosion de Loncin.

« En Allemagne, où je vais être dirigé, mes pensées seront ce qu'elles ont toujours été : la Belgique et son Roi. J'aurais volontiers donné ma vie pour mieux servir, mais la mort n'a pas voulu de moi.

« Leman. »

Leman prisonnier en Allemagne

Le général Leman, malade, fut transporté en Allemagne. Mlle Leman, par l'intermédiaire du gouvernement espagnol, avait sollicité l'autorisation de rejoindre son père.

Voici de quelle façon infâme il fut répondu à cette demande :

« Le Gouvernement allemand a le souci de
« rendre la vie aussi bonne que possible aux pri-
« sonniers de guerre. Et si les circonstances le
« forcent à refuser la faveur sollicitée, le Général
« n'a qu'à s'en prendre à son propre pays. L'atti-
« tude de ses concitoyens et de leurs alliés a été
« indigne; non seulement ils ont maltraité des
« civils allemands, mais des témoins sûrs (sic)
« affirment que les blessés allemands et les pri-
« sonniers de guerre ont été l'objet de traite-
« ments contraires au droit des gens et qui cons-
« tituent une honte pour la civilisation. Ce serait
« heurter violemment les sentiments du peuple
« allemand dans ces conditions que d'améliorer,
« en quoi que ce soit, la situation des prisonniers
« de guerre ; la faveur ne peut donc être ac-
« cordée. »

Il n'est guère possible de pousser plus loin le cynisme dans l'hypocrisie et le mensonge.

Interné à la forteresse de Magdebourg, le général dut subir l'amputation d'un orteil au pied droit.

Une manifestation de l'Association des fraternités franco-belges eut lieu en son honneur à Paris, il y a plus d'un an. L'adresse suivante lui fut envoyée : « A l'occasion du 1er janvier 1915, 6.000 personnes viennent saluer votre buste et acclamer votre nom glorieux. »

***

Voici deux billets envoyés par le général Leman à un officier qui avait servi sous ses ordres. On peut y lire l'expression de la sympathie paternelle d'un grand chef pour ses collaborateurs et l'indice de l'affection respectueuse de ceux-ci pour leur général.

« *Le 18 janvier 1915.*

« Mon cher X...

« J'ai reçu votre lettre deux jours après votre carte qui en était le duplicata. J'ai répondu à la carte et je réponds maintenant à la lettre en vous renouvelant mes vœux et en vous remerciant des vôtres. J'apprends avec plaisir que vous occupez un emploi distingué et je félicite vivement ceux qui vous l'ont dévolu. Votre vieil ami, l'exilé, que son inutilité présente désole, vous serre cordialement et paternellement la main.

« Je vais un peu mieux depuis ces derniers jours, mais mes pieds sont terriblement gonflés. »

Le second billet a été écrit au moment où le général allait beaucoup mieux que le 18 janvier :

« *Le 11 février 1915.*

« Mon cher X...

« Merci de tout cœur pour votre bien bonne lettre, merci pour la pipe et le tabac : j'en ai reconnu la provenance et j'ai goûté de cet excellent tabac dans cette excellente pipe. Cette délicate attention m'a été bien sensible.

« Vous avez reçu, je l'espère, mes souhaits de nouvel an. Sinon, je vous les réitère ; vous en trouverez vous-même la formule au fond de votre cœur et vous y verrez en outre que je vous aime comme un fils.

« G. Leman. »

* * *

On apprit, en mars 1915, que les Allemands avaient offert la liberté au glorieux défenseur de Liége, à condition qu'il s'engageât à ne plus porter les armes contre eux. Il leur répondit fièrement que son premier acte, si la liberté lui était rendue, serait d'offrir ses services à la Belgique et au roi Albert.

Ce geste n'étonnera pas ses admirateurs.

* * *

En mai dernier, un officier belge qui avait été pendant plusieurs mois le compagnon de captivité du général, put donner ces renseignements qui achèvent de peindre le héros.

Le général est en ce moment en bonne santé, pour autant que cela soit possible à quelqu'un qui souffre du diabète.

Au commencement de sa captivité à Magdebourg, le général a été très malade. On a dû lui amputer un orteil, ce qui arrive fréquemment aux malades atteints du diabète et qui ne se soignent pas.

Les gardiens du général ont beaucoup d'égards pour lui. Lorsque sa santé lui a permis de sortir, ils l'ont autorisé à se promener dans l'enceinte réservée aux officiers prisonniers. Le général y venait fréquemment, parlant à chacun, s'intéressant à tout ce que les autres avaient fait, commentant les journaux allemands, entretenant la confiance et l'espoir chez ses compagnons de captivité. Aussi, dans ce milieu, le général était-il très aimé.

Le général est d'une humeur égale, ne connaît ni le découragement ni la mélancolie, et est toujours très bon et très affable pour tous.

Les locaux de la citadelle devant être évacués, on l'a dirigé au commencement d'avril sur Blankenbourg. Il est parti avec son aide de camp et son ordonnance, portant au côté son épée que le général von Emmich lui a laissée à Liége, en témoignage d'estime et d'admiration.

* * *

Enfin, voici la lettre qu'on reçut de lui au Havre en septembre dernier. Elle est datée de Blankenburg-sur-Mark :

« Au point de vue moral, je souffre cruellement de ma captivité. Jusqu'en février dernier, je sentais moins mes chaînes, parce que ma santé, gravement atteinte à Loncin, me marquait avec évidence que, libre, j'aurais été inutile à ma chère Patrie; mais depuis, grâce aux soins éclairés et dévoués des médecins allemands, mon état physique s'est considérablement amélioré. Ai-je besoin de vous dire où vont mes pensées, ni de quelles tristesses elles sont empreintes ? Cependant ne croyez pas à du découragement, car ce serait inexact. »

*
* *

Telle est, trop rapidement esquissée, la grande figure du héros de Liége, à qui la civilisation devra de n'avoir pas été anéantie dans une rafale de fer, de feu et d'atrocités sans nom, par la barbarie germanique.

Le vainqueur de Liége ?

On a appris récemment la mort du général von Emmich à Hanovre. Les journaux allemands le saluèrent du nom de vainqueur de Liége. Ce jugement plein d'orgueil ne tiendra pas. Le vainqueur de Liége fut l'illustre général Leman. Nous avons

TABLE DES MATIÈRES

Le 4 août 1914 5
La carrière de Leman 7
Leman, gouverneur de Liége. 20
L'attaque de Liége 26
L'attentat contre Leman 30
La défense de Liége. 32
Leman, prisonnier en Allemagne 38
Le vainqueur de Liége ? 43

PARIS
IMPRIMERIE ARTISTIQUE « LUX »
131, Boulevard Saint-Michel.

PARIS	**BLOUD & GAY**	BARCELONE
7, Place St-Sulpice	ÉDITEURS	Calle del Bruch, 35

LA GUERRE ALLEMANDE & LE CATHOLICISME

Par Cardinal AMETTE ; Mgr BAUDRILLART ; Chanoines ARDANT ; COUGET ; GAUDEAU ; MM. G. GOYAU et F. VEUILLOT. – Documents.

Un volume In-8° Prix : **2.40** net

=== ALBUM N° 1 === □ === 3° ALBUM N° 2 ===

Documents photographiques illustrant la conduite respective des armées allemandes et françaises à l'égard de l'Église Catholique.. **1.20** net	Quelques portraits de prêtres français mis à mort par les allemands et autres documents photographiques du même ordre. **1.20** net

— 4° —

1 Série de 12 **CARTES POSTALES** publiées par
LE COMITÉ CATHOLIQUE DE PROPAGANDE FRANÇAISE A L'ÉTRANGER

Prix de la Série : 1 franc

L'ALLEMAGNE et les ALLIÉS devant la CONSCIENCE CHRÉTIENNE

Par Mgr CHAPON, Evêq. de Nice ; Mgr BAUDRILLART ; M'rs Denys COCHIN, Ministre d'État ; le Baron d'ANTHOUART ; Mgr BATIFFOL ; R. P. JANVIER ; de LANZAC de LABORIE ; Ed. BLOUD ; F. VEUILLOT. – Documents..

Un volume In-8° Prix : **3.60** net

Johannès JÖRGENSEN	**LA CLOCHE ROLAND** LES ALLEMANDS ET LA BELGIQUE **3.50**
Abbé FOULON	**Arras** sous les **Obus** 100 photographies Préface de Mgr LOBBEDEY, Evèque d'Arras **3.50**
Baron A. de MARICOURT	**LE DRAME DE SENLIS** Journal d'un Témoin **3.50**
Raoul NARSY	**Le Supplice de LOUVAIN** FAITS & DOCUMENTS **1.80**
Louis COLIN	**Les BARBARES à la TROUÉE des VOSGES** Préface de Maurice BARRÈS **3.50**
Georges DESSON	**Souvenirs d'un OTAGE** Préface de Serge BASSET **2.50**

271. — Imprimerie Artistique « Lux », 131, boulevard Saint-Michel, Paris

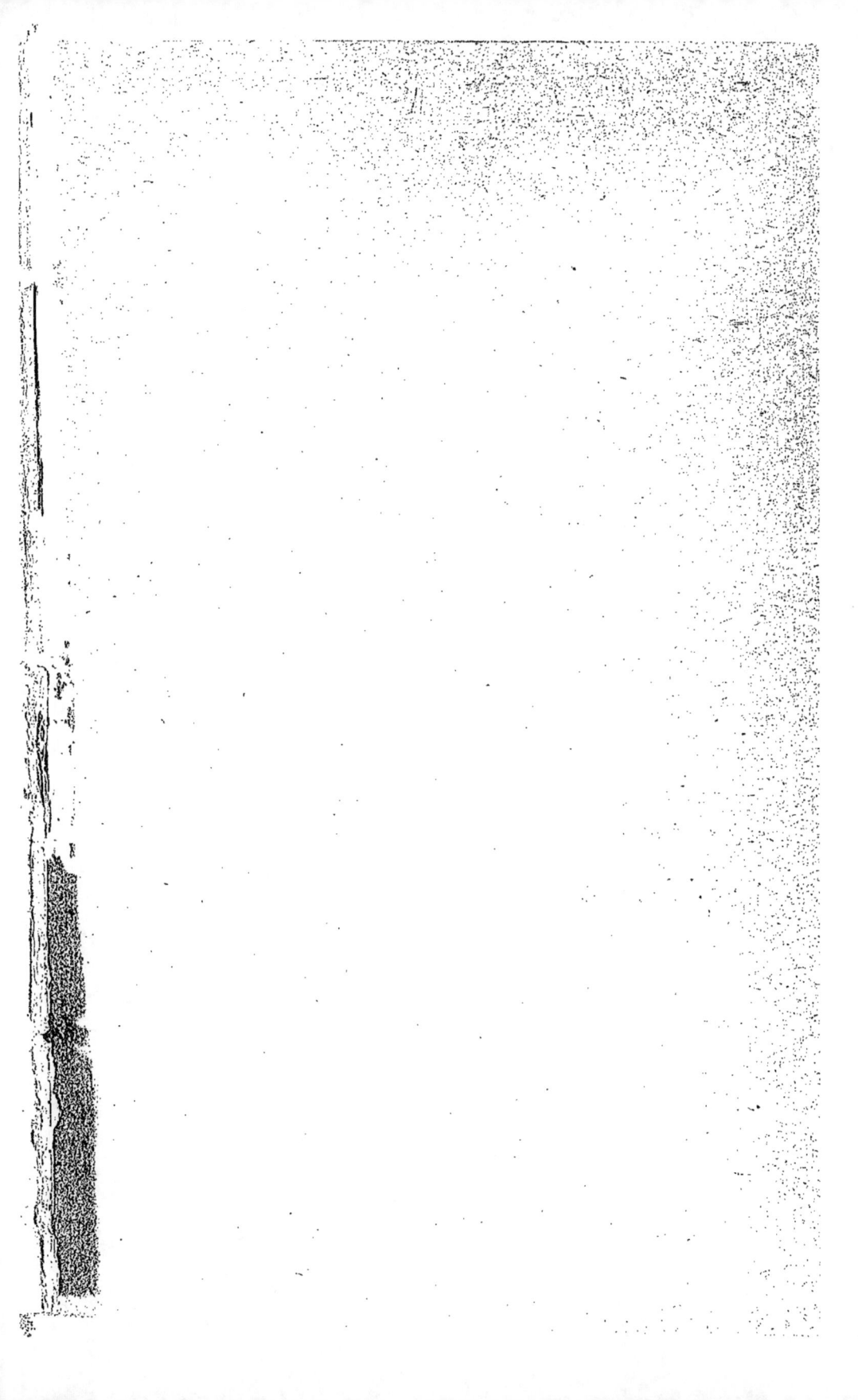

www.ingramcontent.com/pod-product-compliance
Lightning Source LLC
LaVergne TN
LVHW021705080426
835510LV00011B/1605